## So wird es gemacht:

Öffne das mini LÜK®-Kontrollgerät und lege die Plättchen in den unbedruckten Deckel!
Jetzt kannst du auf den Plättchen und im Geräteboden die Zahlen 1 bis 12 sehen.

**Beispiel:** Seite 2
**A - Finde das Wort zum Bild!**

Nimm das Plättchen 1 und sieh dir Aufgabe 1 an! Was siehst du?
Es ist ein Anzug mit der Zahl **11**.
Die 11 ist auch die Feldzahl im Kontrollgerät, auf die du das Plättchen 1 legst.
Lege also das Plättchen 1 auf das Feld 11 im Geräteboden!
Die Zahl **1** soll nach oben zeigen.

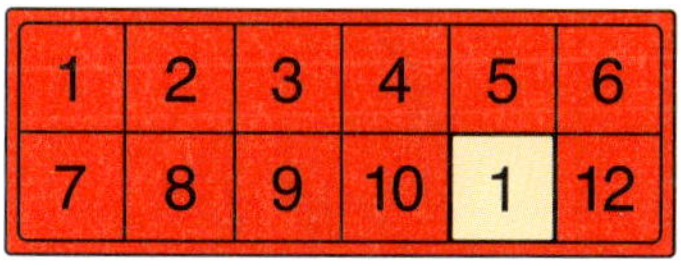


So arbeitest du weiter, bis alle Plättchen im Geräteboden liegen. Schließe dann das Gerät und drehe es um! Öffne es von der Rückseite!

Wenn du das bei der Übungsreihe abgebildete Kontrollmuster siehst, hast du alle Aufgaben richtig gelöst.

Passen einige Plättchen nicht in das Muster, dann hast du dort Fehler gemacht. Drehe diese Plättchen da, wo sie liegen, um, schließe das Gerät, drehe es um und öffne es wieder! Jetzt kannst du sehen, welche Aufgaben du falsch gelöst hast.
Nimm diese Plättchen heraus und suche die richtigen Ergebnisse!
Kontrolliere dann noch einmal!
Stimmt jetzt das Muster?
Das System ist für alle Übungen gleich: Die roten Aufgabennummern im Heft entsprechen immer den mini LÜK-Plättchen aus dem Kontrollgerät.
Die schwarzen Zahlen bei den Lösungen sagen dir, auf welche Felder im Kontrollgerät die Plättchen gelegt werden sollen.



Dieses Papier wurde aus chlorfrei gebleichtem Zellstoff hergestellt

# A

## Finde das Wort zum Bild !

1

| | |
|---|---|
| Anzug | 11 |
| Abend | 10 |
| Acker | 4 |

2

| | |
|---|---|
| Ameise | 1 |
| Aussicht | 9 |
| Adler | 7 |

3

| | |
|---|---|
| Affe | 10 |
| Amt | 5 |
| Angst | 6 |

4

| | |
|---|---|
| Anlauf | 8 |
| Ampel | 12 |
| Anorak | 2 |

5

| | |
|---|---|
| Amsel | 4 |
| Arbeit | 6 |
| Anzahl | 9 |

6

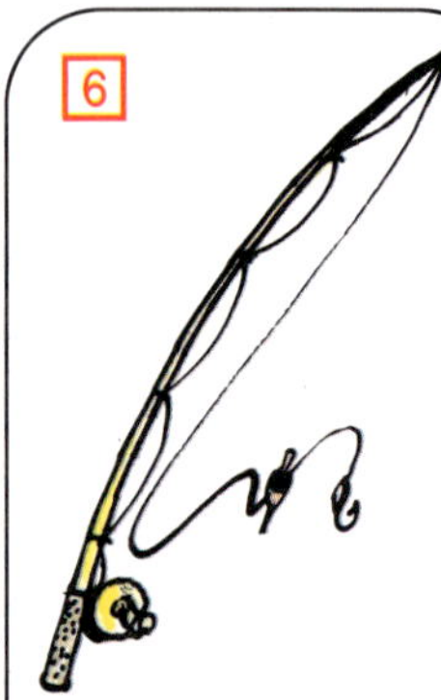

| | |
|---|---|
| April | 1 |
| Asche | 3 |
| Angel | 8 |

7

| | |
|---|---|
| Auslage | 9 |
| Aufgabe | 2 |
| Anker | 6 |

8

| | |
|---|---|
| Aufsatz | 5 |
| Apfel | 1 |
| Aufsicht | 2 |

9

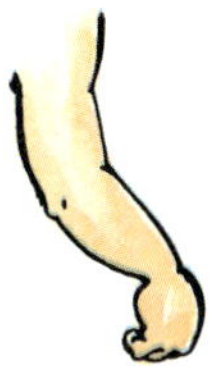

| | |
|---|---|
| Arm | 9 |
| Aufzug | 5 |
| Auge | 3 |

10

| | |
|---|---|
| August | 2 |
| Arzt | 5 |
| Ausflug | 7 |

11

| | |
|---|---|
| Auspuff | 1 |
| Ast | 3 |
| Ausrede | 2 |

12

| | |
|---|---|
| Axt | 2 |
| Auto | 8 |
| Ausweg | 4 |

## In welchem Wort fehlt ein a ?

Wähle aus zwei Möglichkeiten!

1

9
H_mmer
Pf_rd

10

2

5
F_ckel
M_nd

4

3

7
Sch_rm
S_lbe

2

4

10
P_lme
K_rze

3

5

4
Br_lle
D_ckel

8

6

6
T_fel
Br_t

12

7
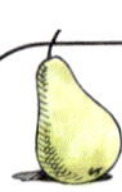
1
B_rne
G_bel

4

8

7
S_nne
H_ken

11

9

12
F_sch
R_dio

1

10

3
B_ll
T_sch

4

11

9
F_der
F_hne

7

12

12
T_nne
L_we

6

# Finde die gleichen Wörter !

Von oben nach unten — von unten nach oben

| 1 | 2 | 3 | 4 | 5 | 6 | 7 | 8 | 9 | 10 | 11 | 12 |
|---|---|---|---|---|---|---|---|---|---|---|---|
| a | a | a | a | a | a | a | a | a | a | a | a |
| b | b | b | b | b | b | b | b | b | b | b | b |
| f | l | l | m | m | s | s | s | s | s | s | s |
| a | e | e | a | e | c | c | c | e | t | t | t |
| h | h | n | c | l | h | h | h | n | a | i | ü |
| r | n | k | h | d | l | n | r | d | m | m | r |
| e | e | e | e | e | i | e | e | e | m | m | z |
| n | n | n | n | n | e | i | i | n | e | e | e |
| | | | | | ß | d | b | | n | n | n |
| | | | | | e | e | e | | | | |
| | | | | | n | n | n | | | | |
| | | | | | | | | | | | |
| | | | | | n | n | n | | | | |
| | | | | | e | e | e | | | | |
| | | | | | b | ß | d | | n | n | n |
| n | n | n | n | n | i | e | i | n | e | e | e |
| e | e | e | e | e | e | i | e | e | z | m | m |
| k | r | d | h | n | r | l | n | d | r | m | m |
| n | h | l | c | h | h | h | h | n | ü | a | i |
| e | a | e | a | e | c | c | c | e | t | t | t |
| l | f | m | m | l | s | s | s | s | s | s | s |
| b | b | b | b | b | b | b | b | b | b | b | b |
| a | a | a | a | a | a | a | a | a | a | a | a |
| 6 | 3 | 12 | 4 | 1 | 7 | 8 | 10 | 11 | 2 | 9 | 5 |

# B

## Ein Wort – drei Bilder

Welche Abbildung passt zum Wort?

| | | | | |
|---|---|---|---|---|
| 1 | Ball | 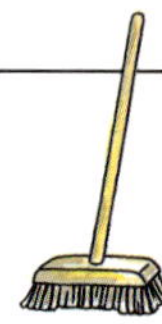 8 |  2 |  10 |
| 2 | Baum |  6 |  9 |  12 |
| 3 | Berg |  4 |  3 |  11 |
| 4 | Besen |  7 |  12 |  1 |
| 5 | Birne |  9 |  4 |  8 |
| 6 | Blatt |  10 |  5 |  11 |

| | | | | |
|---|---|---|---|---|
| 7 | Blume |  8 |  1 |  7 |
| 8 | Bluse |  5 | 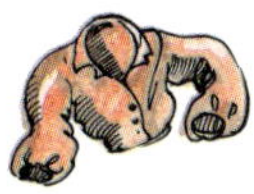 12 |  4 |
| 9 | Brille | 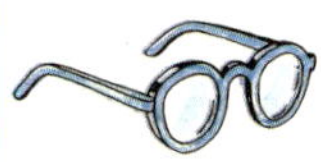 4 |  11 |  6 |
| 10 | Brot |  10 |  8 | 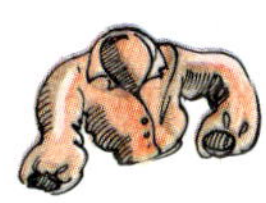 9 |
| 11 | Buch |  2 | 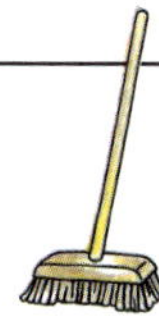 4 |  10 |
| 12 | Burg |  11 |  9 |  5 |

# C

## Wörterschlangen

Ordne diese Wörter den Wörtern auf Seite 9 unten richtig zu!

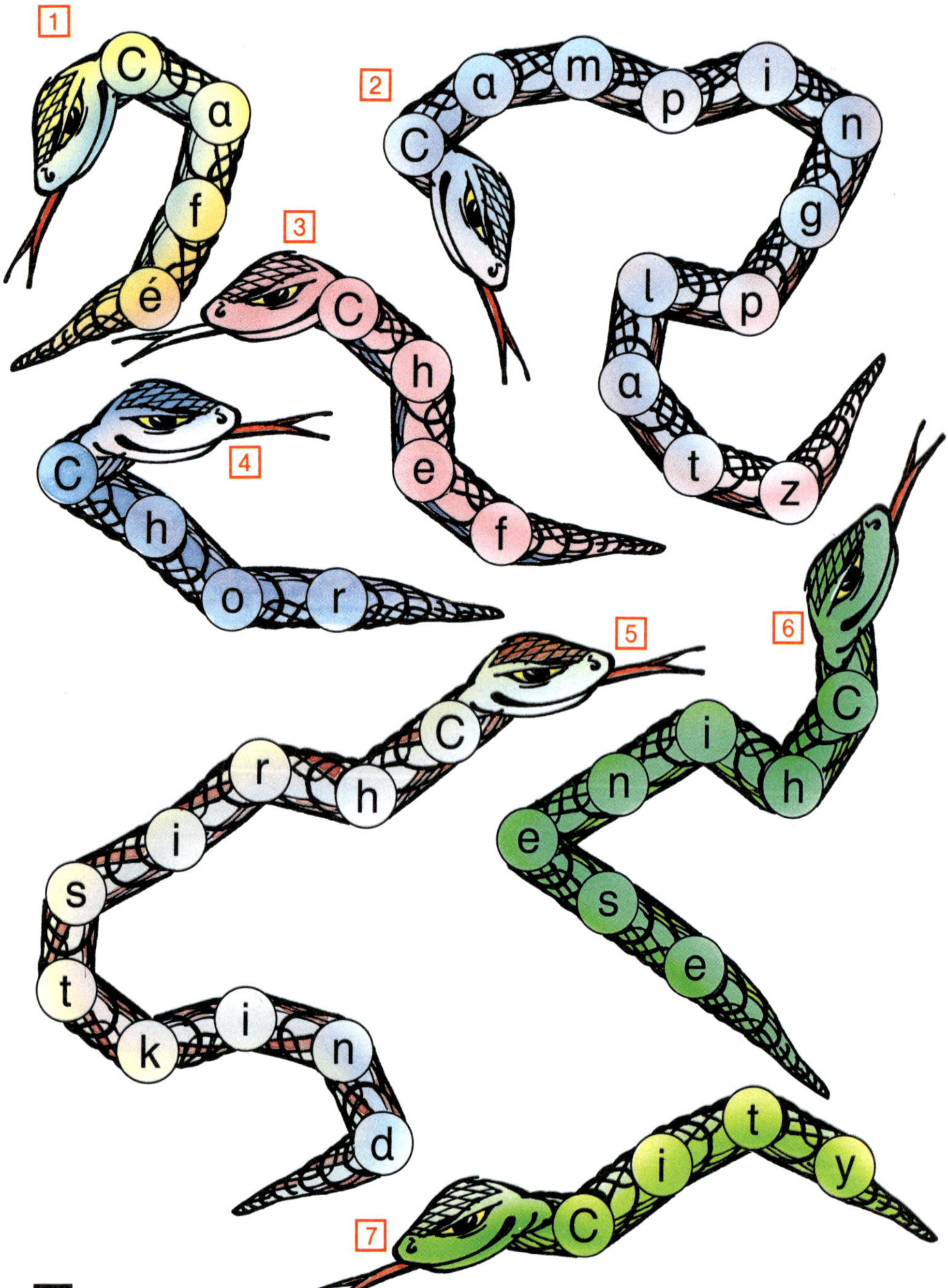

| | | |
|---|---|---|
| Campingplatz<br>10 | City<br>12 | Cola<br>1 |
| Creme<br>3 | Café<br>11 | Chef<br>8 |
| Chinese<br>9 | Cowboy<br>7 | Christkind<br>2 |
| Clown<br>4 | Chor<br>6 | Computer<br>5 |

# D

## Wort – Bild – Zuordnung

Was gehört zusammen?

1 Dach

2 Dackel

3 Daumen

4 Decke

5 Deckel

6 Dampfer

4

3

8

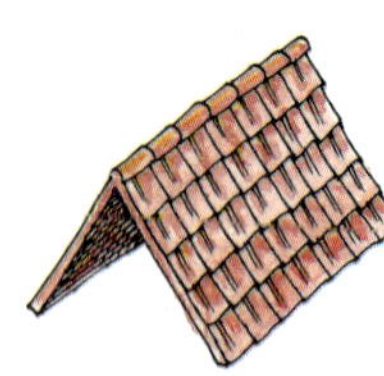

7

6

12

7 Drachen

8 Denkmal

11

9

9 Dieb

10 Dorf

10

1

11 Dose

12 Dusche

2

5

# Buchstabensalat

Bilde Wörter!

1: m D e a

2: e e r D i n

3: a t D u m

4: k o t D r o

5: n D r o

6: u t D s r

7: e c D e k

8: h D a c

9: m a D f p

10: r h D t a

11: a h e D n c r

12: n m D e u a

| | |
|---|---|
| Dampf 12 | Doktor 9 |
| Datum 11 | Dorn 5 |
| Daumen 1 | Drachen 6 |
| Dach 2 | Draht 4 |
| Diener 8 | Decke 3 |
| Dame 10 | Durst 7 |

## Suche die Wörter mit d!

In jeder Zeile ist ein d-Wort versteckt!

| | | | | | | | | | | | | | | | | |
|---|---|---|---|---|---|---|---|---|---|---|---|---|---|---|---|---|
| 1 | a | r | d | e | f | d | e | n | k | e | n | d | x | d | g | i |
| 2 | s | z | u | d | m | l | d | w | d | r | e | h | e | n | d | o |
| 3 | d | r | d | a | m | a | l | s | d | l | m | d | k | r | h | n |
| 4 | q | d | g | t | v | d | o | r | n | i | g | d | f | d | o | c |
| 5 | d | s | n | l | d | u | n | k | e | l | d | e | d | c | p | l |
| 6 | e | d | a | r | u | m | d | o | d | p | w | d | n | g | e | b |
| 7 | d | t | h | d | p | x | a | c | d | v | d | i | c | h | t | d |
| 8 | p | d | s | d | ö | r | b | u | z | d | e | u | t | e | n | d |
| 9 | d | j | d | a | n | k | e | n | d | o | y | a | d | t | w | b |
| 10 | d | g | k | d | f | c | e | d | r | ü | b | e | n | d | x | v |
| 11 | i | h | d | k | g | d | l | h | d | u | m | m | l | o | g | d |
| 12 | d | m | f | d | ü | r | f | e | n | d | s | i | d | k | b | u |

damals 2

danken 1

denken 5

deuten 9

dicht 12

darum 4

dornig 6

dumm 7

dürfen 10

drehen 3

drüben 11

dunkel 8

# E

## Suche das Bild zum Wort!

Du hast jeweils drei Möglichkeiten.

| | | | | |
|---|---|---|---|---|
| 1 | Ecke |  4 |  2 |  7 |
| 2 | Esslöffel |  12 |  10 |  1 |
| 3 | Elefant |  6 |  9 |  4 |
| 4 | Erbse |  7 |  3 |  11 |
| 5 | Eltern |  8 |  10 |  1 |
| 6 | Engel |  9 |  5 |  6 |

| | | | | |
|---|---|---|---|---|
| 7 | Ente |  1 |  11 |  8 |
| 8 | Erde |  8 |  12 |  6 |
| 9 | Esel |  3 |  7 |  11 |
| 10 | Eskimo |  9 |  8 |  4 |
| 11 | Essig |  10 |  9 |  1 |
| 12 | Etui |  11 |  5 |  3 |

# F

**Hier musst du das Wort zum Bild finden!**

1

| | |
|---|---|
| Feuer | 11 |
| Fabrik | 6 |
| Ferse | 1 |

2

| | |
|---|---|
| Frosch | 2 |
| Farbe | 12 |
| Fahne | 8 |

3

| | |
|---|---|
| Fahrrad | 10 |
| Futter | 3 |
| Floß | 5 |

4

| | |
|---|---|
| Fenster | 2 |
| Fass | 11 |
| Feder | 7 |

5

| | |
|---|---|
| Finger | 4 |
| Freitag | 1 |
| Faust | 9 |

6

| | |
|---|---|
| Februar | 12 |
| Fuß | 3 |
| Fisch | 1 |

7

| | |
|---|---|
| Flügel | 9 |
| Familie | 8 |
| Flasche | 5 |

8

| | |
|---|---|
| Fleisch | 2 |
| Feld | 12 |
| Feind | 4 |

9

| | |
|---|---|
| Frieden | 10 |
| Fluss | 9 |
| Ferkel | 3 |

10

| | |
|---|---|
| Flugzeug | 7 |
| Frau | 12 |
| Fessel | 6 |

11

| | |
|---|---|
| Fuchs | 3 |
| Fels | 2 |
| Fest | 11 |

12

| | |
|---|---|
| Freund | 9 |
| Fleck | 4 |
| Fackel | 7 |

# G

## Lauter Wörter mit G

Suche das Bild zum Wort!

1 **Gabel**

| | | | |
|---|---|---|---|
|  10 |  4 |  8 |  6 |

2 **Gans**

| | | | |
|---|---|---|---|
|  3 |  11 |  5 |  1 |

3 **Garten**

| | | | |
|---|---|---|---|
|  6 |  7 |  2 |  12 |

4 **Gespenst**

| | | | |
|---|---|---|---|
|  10 |  9 |  11 |  3 |

5 **Gift**

| | | | |
|---|---|---|---|
|  2 |  6 |  12 |  4 |

6 **Glas**

| | | | |
|---|---|---|---|
|  7 |  9 |  2 |  8 |

7 Glatze

| | | | |
|---|---|---|---|
|  1 | 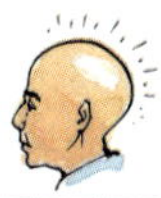 9 |  7 |  5 |

8 Glocke

| | | | |
|---|---|---|---|
|  6 |  10 |  4 |  7 |

9 Grab

| | | | |
|---|---|---|---|
|  11 |  8 |  5 | 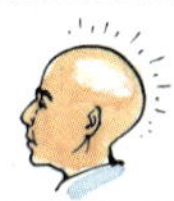 2 |

10 Gras

| | | | |
|---|---|---|---|
|  10 |  1 |  8 |  6 |

11 Gurke

| | | | |
|---|---|---|---|
|  8 |  3 |  11 |  10 |

12 Gürtel

| | | | |
|---|---|---|---|
|  5 |  4 |  8 |  9 |

# H

**Verknüpfe das Wort mit dem zugehörigen Bild !**

1 Haar

2 Haken

4

11

3 Hand

4 Hase

3

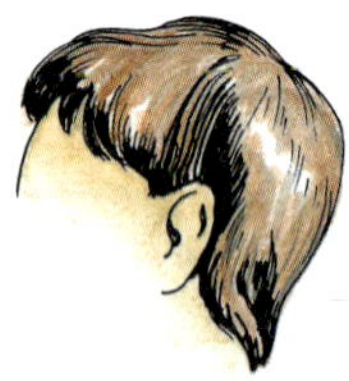

12

5 Haus

6 Heft

1

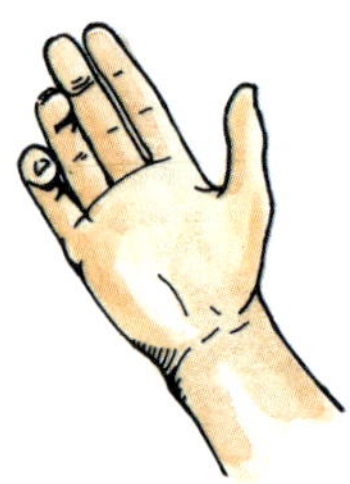

7

7 Hemd

8 Herz

9 Hexe

10 Holz

11 Hose

12 Hund

8

10

9

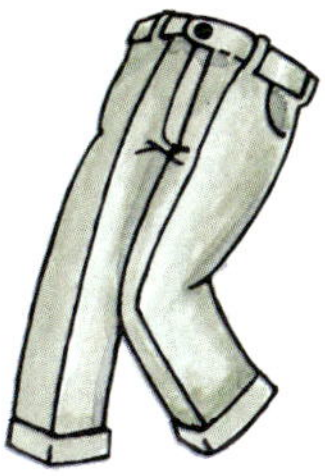

2

5

6

# I

## Buchstaben-Raupen

Suche die gleichen Wörter unten im Kasten!

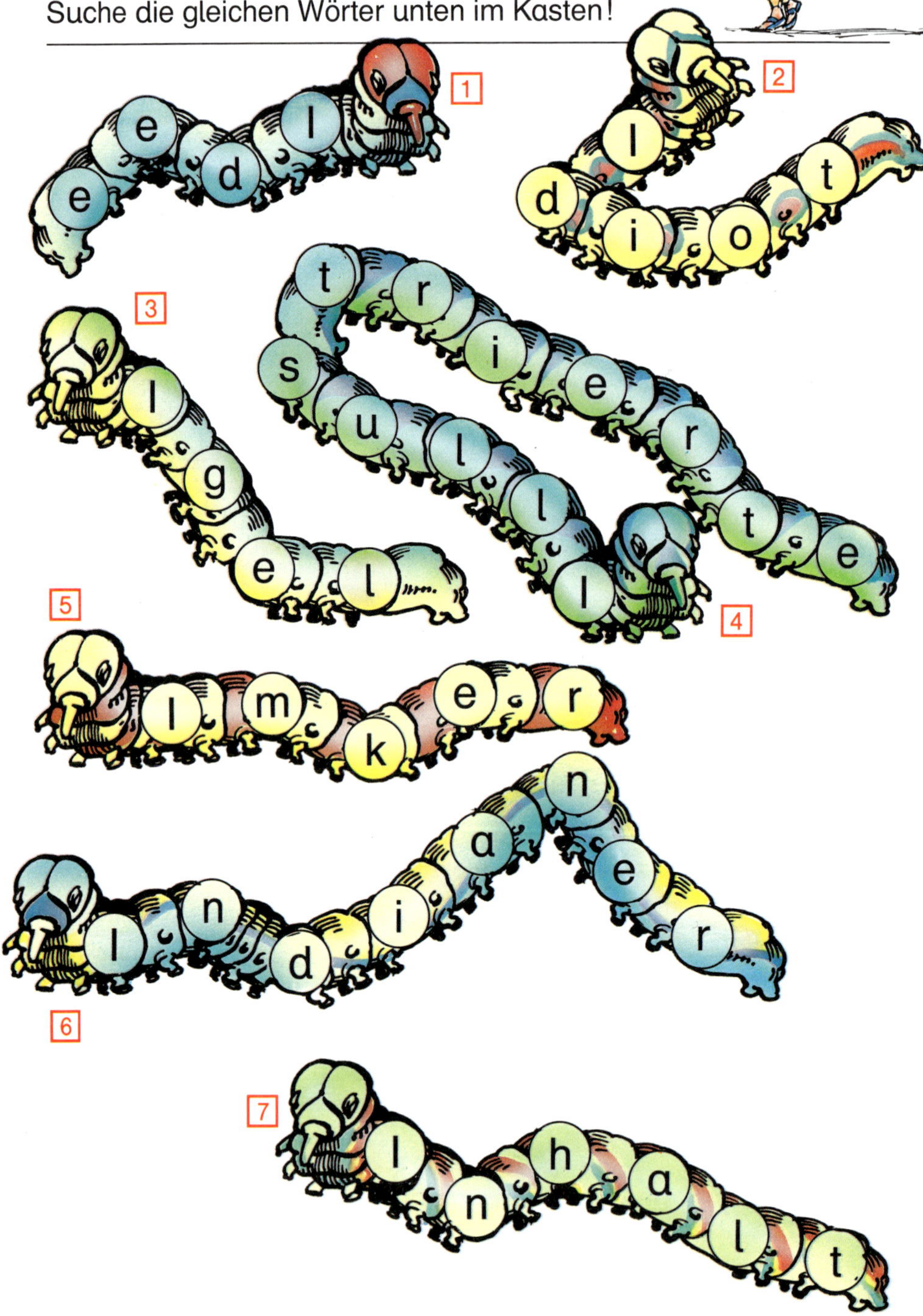

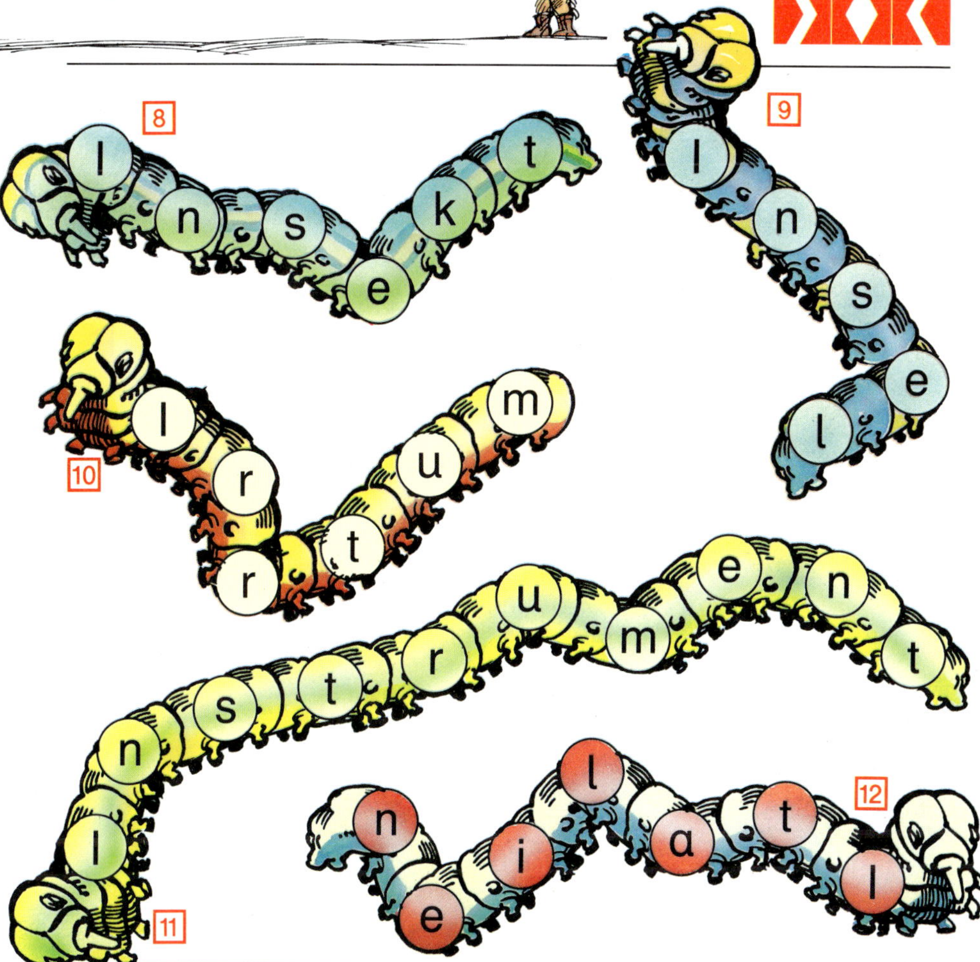


| | | |
|---|---|---|
| Inhalt<br>3 | Instrument<br>2 | Illustrierte<br>9 |
| Italien<br>5 | Idiot<br>6 | Irrtum<br>4 |
| Insel<br>8 | Insekt<br>12 | Indianer<br>11 |
| Idee<br>10 | Imker<br>7 | Igel<br>1 |

# J

## Gesucht: Wörter mit J am Anfang!

**1**

J

| | |
|---|---|
| amt | 2 |
| agd | 7 |
| alk | 6 |

**2**

J

| | |
|---|---|
| acke | 3 |
| alli | 4 |
| ater | 8 |

**3**

J

| | |
|---|---|
| ameda | 9 |
| affor | 1 |
| aguar | 12 |

**4**

J

| | |
|---|---|
| ahr | 2 |
| amet | 5 |
| akot | 10 |

**5**

J

| | |
|---|---|
| ante | 1 |
| armt | 11 |
| ammer | 6 |

**6**

J

| | |
|---|---|
| akent | 10 |
| odler | 4 |
| allost | 9 |

**7**

| J | | |
|---|---|---|
| | apan | 8 |
| | arnat | 4 |
| | affot | 5 |

**8**

| J | | |
|---|---|---|
| | uma | 1 |
| | ufer | 12 |
| | ugend | 9 |

**9**

| J | | |
|---|---|---|
| | uli | 5 |
| | ume | 7 |
| | uller | 11 |

**10**

| J | | |
|---|---|---|
| | unza | 10 |
| | unge | 1 |
| | urfo | 3 |

**11**

| J | | |
|---|---|---|
| | umer | 8 |
| | uni | 11 |
| | umck | 4 |

**12**

| J | | |
|---|---|---|
| | auche | 10 |
| | aube | 2 |
| | aufo | 6 |

# K

## Zu jedem Wort gehört ein Bild!

1 **Käfer**

| | | | |
|---|---|---|---|
|  11 |  1 |  10 |  8 |

2 **Käfig**

| | | | |
|---|---|---|---|
|  5 |  2 |  6 |  11 |

3 **Kaktus**

| | | | |
|---|---|---|---|
|  10 |  5 |  7 |  9 |

4 **Kamel**

| | | | |
|---|---|---|---|
| 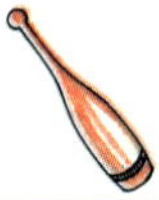 9 |  8 |  3 |  12 |

5 **Kamm**

| | | | |
|---|---|---|---|
|  6 |  2 |  4 |  7 |

6 **Kanne**

| | | | |
|---|---|---|---|
|  12 |  5 |  6 |  3 |

| 7 | Käse | | |
|---|---|---|---|
| 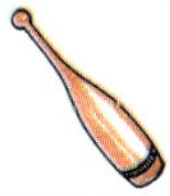 5 |  1 |  8 |  2 |

| 8 | Kasse | | |
|---|---|---|---|
|  3 |  5 |  6 |  9 |

| 9 | Katze | | |
|---|---|---|---|
|  9 |  10 | 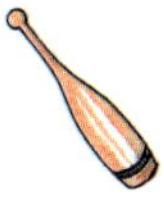 7 |  8 |

| 10 | Kerze | | |
|---|---|---|---|
|  3 |  6 |  2 |  7 |

| 11 | Kette | | |
|---|---|---|---|
|  4 |  3 |  7 |  12 |

| 12 | Keule | | |
|---|---|---|---|
|  8 |  12 |  2 |  5 |

## Purzelwörter mit k

Setze die Buchstaben richtig zusammen!

1. h a e kr c n
2. n h e kr i c e
3. n n e k ö n
4. l u n k b r e
5. u e l kr n a
6. l n e k h ü
7. a e n kr t z
8. e p f kn n ü
9. e n n kl i g
10. h n kr ä e
11. i e s kr e n
12. e e n kr g i

| | |
|---|---|
| klingen 2 | kraulen 1 |
| knüpfen 4 | kreisen 8 |
| können 7 | kriechen 10 |
| krachen 12 | kriegen 3 |
| krähen 6 | kühlen 9 |
| kratzen 11 | kurbeln 5 |

## Finde das Reimwort!

| 1 | 2 | 3 |
|---|---|---|
| **Kabel** | **Kahn** | **Kampf** |
| Birne 1 | Hahn 4 | Tinte 10 |
| Nabel 6 | Mütze 3 | Wunde 5 |
| Gurke 11 | Peitsche 7 | Dampf 1 |

| 4 | 5 | 6 |
|---|---|---|
| **Kante** | **Kanne** | **Kamm** |
| Tulpe 12 | Walze 2 | Damm 3 |
| Mücke 8 | Tanne 7 | Lampe 8 |
| Tante 11 | Halle 9 | Marke 10 |

| 7 | 8 | 9 |
|---|---|---|
| **Kind** | **Klasse** | **Klette** |
| Torte 12 | Säge 9 | Salbe 2 |
| Winter 10 | Tasse 10 | Riese 7 |
| Rind 5 | Perle 12 | Wette 8 |

| 10 | 11 | 12 |
|---|---|---|
| **Korn** | **Kragen** | **Kreide** |
| Wespe 9 | Scheibe 5 | Seide 9 |
| Horn 12 | Wagen 2 | Wolke 6 |
| Rinde 11 | Hecke 9 | Zange 4 |

# L

## Wo ist das Wort zum Bild ?

1

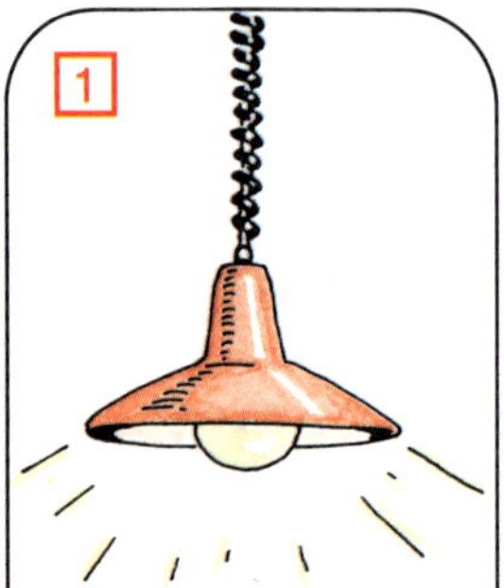

| | |
|---|---|
| Laterne | 3 |
| Lack | 11 |
| Lampe | 4 |

2

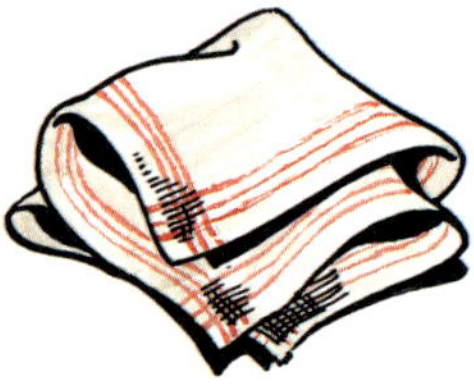

| | |
|---|---|
| Lappen | 8 |
| Land | 5 |
| Lamm | 7 |

3

| | |
|---|---|
| Larve | 2 |
| Laub | 11 |
| Lager | 9 |

4

| | |
|---|---|
| Laus | 3 |
| Laut | 12 |
| Laune | 10 |

5

| | |
|---|---|
| Leim | 6 |
| Leiste | 1 |
| Leiter | 5 |

6

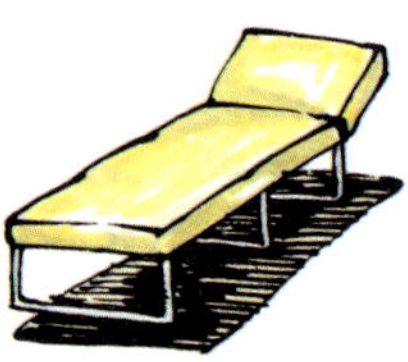

| | |
|---|---|
| Liege | 7 |
| Lied | 10 |
| Liebe | 2 |

7

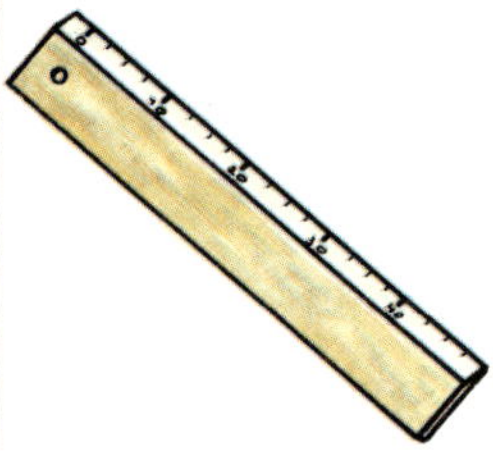

| | |
|---|---|
| Licht | 2 |
| Lineal | 9 |
| Liter | 11 |

8

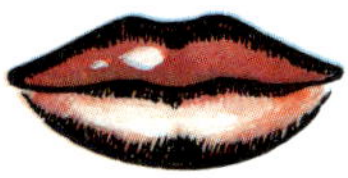

| | |
|---|---|
| Linie | 5 |
| Liste | 12 |
| Lippen | 2 |

9

| | |
|---|---|
| Locke | 12 |
| Loipe | 8 |
| Los | 10 |

10

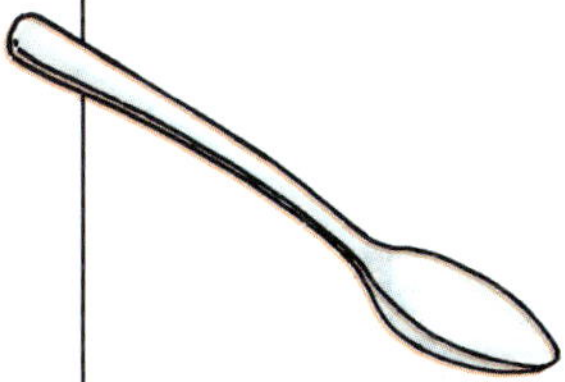

| | |
|---|---|
| Lohn | 6 |
| Lokal | 4 |
| Löffel | 10 |

11

| | |
|---|---|
| Loch | 9 |
| Lotto | 1 |
| Löwe | 6 |

12

| | |
|---|---|
| Lupe | 1 |
| Lust | 8 |
| Luft | 2 |

# M

**Finde das Bild zum Wort!**

1 Maler

2 Mantel

3 Maske

4 Mauer

5 Maus

6 Messer

10

4

11

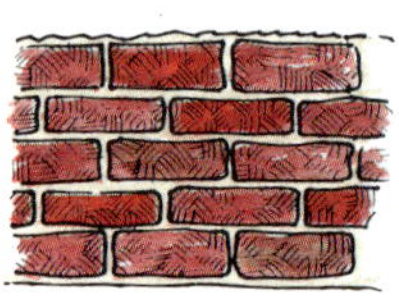
12

8

7

7 Möwe

8 Mond

9 Mücke

10 Mühle

11 Mütze

12 Mund

9

1

2

5

6

3

## In jeder Zeile ist ein m-Wort versteckt

Ordne richtig zu!

1 h v m v j o m l x f m a l e n m a

2 m g h m e i n e n m a o m r e c z

3 f p m d m w h b m ü s s e n m s d

4 m e u h m e l k e n m o m e r y u

5 t d m v q m a c h e n m f c n m s

6 k m g m e s s e n m p j m o r b n

7 x c h s m g m i s c h e n m q r m

8 k w m a u e r n m t m k p m k t p

9 m g i q e m t l f x m e r k e n m

10 y m u b m j v p m e l d e n m s b

11 w z m k m e c k e r n l d m q a o

12 p m i x e n n m j y m u z c l n m

messen 3

melden 6

meinen 4

malen 12

machen 1

mauern 10

mixen 9

melken 5

mischen 11

meckern 8

merken 2

müssen 7

# Welches Wort endet mit m?

Wähle aus 2 Möglichkeiten!

**1**

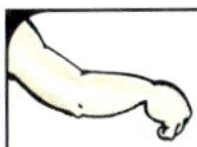

10 Ar__

Apfe__ 3

**2**

7 Bro__

Bau__ 1

**3**

5 Die__

Do__ 6

**4**

9 Fil__

Fa__ 4

**5**

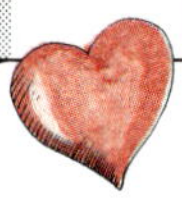

11 Her__

Hel__ 12

**6**

2 Lei__

Lau__ 8

**7**

4 Quir__

Qual__ 3

**8**

5 Sei__

Schir__ 7

**9**

5 Stro__

Sie__ 8

**10**

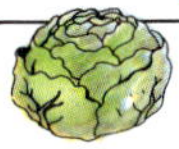

11 Sala__

Stur__ 4

**11**

3 Tafe__

Tur__ 11

**12**

8 Wur__

Woll__ 6

# N

**Suche das Wort, das zum Bild passt!**

1

| | |
|---|---|
| Nabel 8 | Nonne 12 |
| Netz 4 | Nacht 3 |

2

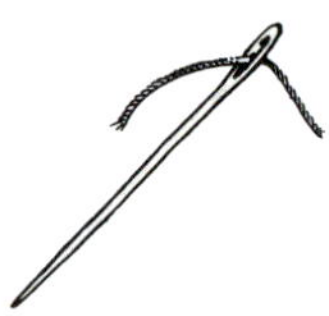

| | |
|---|---|
| Nadel 1 | Nudeln 6 |
| Norden 10 | Naht 7 |

3

| | |
|---|---|
| Nelke 11 | Name 9 |
| Nagel 6 | Noten 5 |

4

| | |
|---|---|
| Narr 2 | Nebel 10 |
| Nuss 9 | Narbe 4 |

5

| | |
|---|---|
| Nest 11 | Nase 12 |
| Nässe 5 | Nummer 7 |

6

| | |
|---|---|
| Nashorn 8 | Nadel 2 |
| Nutzen 10 | Natur 9 |

7 

| | |
|---|---|
| Neid<br>8 | Nebel<br>11 |
| Nelke<br>10 | Nagel<br>5 |

8 

| | |
|---|---|
| Neffe<br>9 | Nachbar<br>3 |
| Nase<br>6 | Nest<br>7 |

9 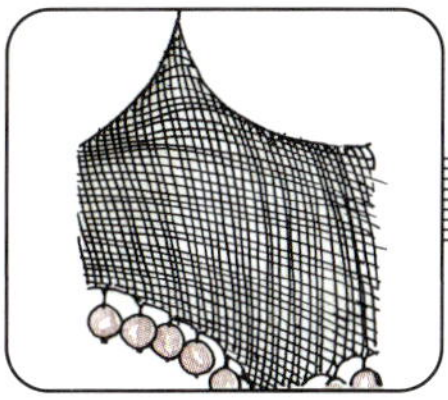

| | |
|---|---|
| Netz<br>11 | Nashorn<br>12 |
| Nixe<br>1 | Null<br>5 |

10 

| | |
|---|---|
| Nichte<br>2 | Nahrung<br>4 |
| Nacht<br>7 | Noten<br>9 |

11 

| | |
|---|---|
| Nudeln<br>5 | Nadel<br>3 |
| Narkose<br>2 | Narbe<br>8 |

12 

| | |
|---|---|
| Noten<br>12 | Neugier<br>4 |
| Nikolo<br>6 | Nuss<br>2 |

## Welches Wort gibt es wirklich?

Du hast 2 Antworten zur Auswahl!

| | | | |
|---|---|---|---|
| 1 | N | ahrung | 7 |
| | | ihrung | 9 |
| 2 | N | üht | 5 |
| | | aht | 3 |
| 3 | N | öme | 1 |
| | | ame | 12 |
| 4 | N | ebel | 2 |
| | | ubel | 11 |
| 5 | N | äll | 10 |
| | | ull | 6 |
| 6 | N | adel | 4 |
| | | edel | 8 |
| 7 | N | ose | 5 |
| | | ase | 8 |
| 8 | N | alpferd | 10 |
| | | ilpferd | 9 |
| 9 | N | orden | 5 |
| | | irden | 11 |
| 10 | N | üt | 4 |
| | | ot | 1 |
| 11 | N | edel | 6 |
| | | udel | 11 |
| 12 | N | ummer | 10 |
| | | ammer | 3 |

# O

**Bilde Wörter!**

1: e r O g l

2: r k b O o t e

3: e n O r st

4: n e O f

5: st O e n

6: k l O e n

7: n r d O u n g

8: r a k O n

9: st O b

10: r O h

11: b e O r

12: g a r O n e

| | |
|---|---|
| Ober 10 | Orange 11 |
| Obst 4 | Orgel 2 |
| Oktober 6 | Orkan 12 |
| Ofen 1 | Osten 9 |
| Ohr 8 | Ostern 3 |
| Onkel 5 | Ordnung 7 |

# P

**Suche das Wort zum Bild!**

1

| | |
|---|---|
| Park | 12 |
| Palast | 7 |
| Paket | 11 |

2

| | |
|---|---|
| Palme | 10 |
| Papa | 4 |
| Panne | 9 |

3

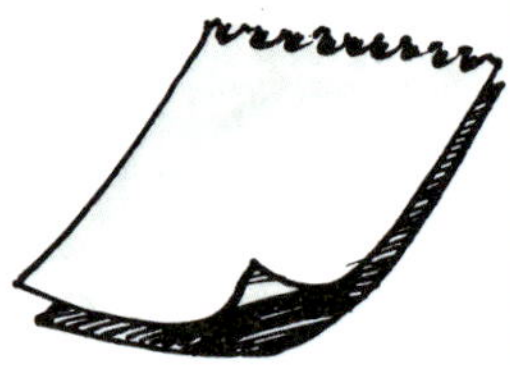

| | |
|---|---|
| Papst | 2 |
| Papier | 8 |
| Park | 9 |

4

| | |
|---|---|
| Pause | 1 |
| Papa | 6 |
| Pech | 7 |

5

| | |
|---|---|
| Pilz | 5 |
| Pendel | 8 |
| Pedal | 2 |

6

| | |
|---|---|
| Person | 4 |
| Peitsche | 9 |
| Perücke | 1 |

7

| | |
|---|---|
| Pelz | 12 |
| Pech | 7 |
| Pferd | 3 |

8

| | |
|---|---|
| Pendel | 5 |
| Perlen | 4 |
| Pfahl | 10 |

9

| | |
|---|---|
| Pfau | 7 |
| Pfanne | 1 |
| Pfarrer | 9 |

10

| | |
|---|---|
| Pfeife | 5 |
| Pfeil | 4 |
| Pferd | 3 |

11

| | |
|---|---|
| Punkt | 6 |
| Pilz | 7 |
| Pilot | 2 |

12

| | |
|---|---|
| Pirat | 12 |
| Piste | 8 |
| Pinsel | 3 |

# Welches Wort beginnt mit einem P ?

**1**

_aket 9

_ütze 5

**2**

_liege 1

_ost 12

**3**

_espe 3

_apagei 7

**4**

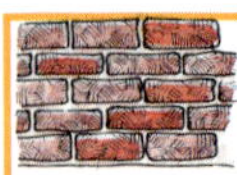

_auer 8

_udel 10

**5**

_iger 3

_udding 1

**6**

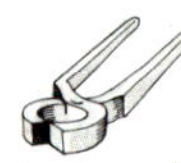

_ange 8

_insel 5

**7**

_aprika 4

_aske 11

**8**

_agel 2

_unkt 6

**9**

_onne 8

_ony 2

**10**

_ark 3

_olke 11

**11**

_wiebel 5

_ullover 8

**12**

_esser 7

_uppe 11

# Q

**Welches Wort steht in der Kästchen-Reihe?**

1 Q u a l

2 Q u e l l e

3 Q u a l l e

4 Q u a l m

5 Q u i z

6 Q u a d r a t

7 Q u a t s c h

8 Q u a r t i e r

9 Q u a s t e

10 Q u e c k s i l b e r

11 Q u a l i t ä t

12 Q u i r l

| | | | |
|---|---|---|---|
| Quadrat 3 | Qual 7 | Qualm 8 | Qualle 12 |
| Quaste 11 | Quartier 10 | Quatsch 2 | Quecksilber 1 |
| Quelle 4 | Qualität 5 | Quirl 9 | Quiz 6 |

# R

## Ein Bild passt zum Wort!

1 Radio

| | | | |
|---|---|---|---|
|  2 |  10 |  12 |  9 |

2 Rollschuh

| | | | |
|---|---|---|---|
|  8 |  6 |  5 |  7 |

3 Raupe

| | | | |
|---|---|---|---|
|  2 |  4 |  11 |  1 |

4 Regen

| | | | |
|---|---|---|---|
|  6 |  7 |  10 |  3 |

5 Ring

| | | | |
|---|---|---|---|
|  11 |  4 |  8 |  12 |

6 Ritter

| | | | |
|---|---|---|---|
|  4 |  3 |  1 |  6 |

7 Rock

| | | | |
|---|---|---|---|
|  1 |  6 | 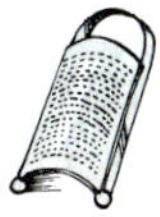 8 |  4 |

8 Rolle

| | | | |
|---|---|---|---|
|  3 |  10 |  11 |  5 |

9 Rakete

| | | | |
|---|---|---|---|
|  1 |  4 |  7 |  12 |

10 Rollo

| | | | |
|---|---|---|---|
|  11 |  9 |  7 |  3 |

11 Rose

| | | | |
|---|---|---|---|
|  7 |  12 |  6 |  5 |

12 Rübe

| | | | |
|---|---|---|---|
|  9 |  8 |  12 |  10 |

## Welches Wort gibt es wirklich?

Du hast 3 Entscheidungsmöglichkeiten!

1
- Rösen 1
- Rasen 6
- Rusen 11

2
- Rohber 7
- Rehber 3
- Räuber 4

3
- Reifen 1
- Rulfen 9
- Röhfen 2

4
- Rühse 12
- Rähse 8
- Reise 11

5
- Ruhter 5
- Reiter 7
- Reeter 10

6
- Rochter 8
- Rachter 12
- Richter 3

7
- Röhse 12
- Rahse 3
- Riese 5

8
- Ründe 7
- Rinde 10
- Ronde 2

9
- Rukate 5
- Rakete 8
- Rakote 9

10
- Röhre 12
- Rehre 2
- Rahre 1

11
- Räcken 9
- Racken 8
- Rücken 2

12
- Rader 6
- Ruder 9
- Rüder 10

## Passen Wort und Bild zusammen?

Ja ☺ oder ☹ nein?

1

Rest

☺ 12
☹ 4

2

Rad

☺ 8
☹ 10

3

Reh

☺ 11
☹ 1

4

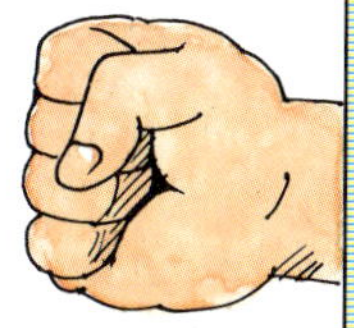

Reis

☺ 6
☹ 3

5

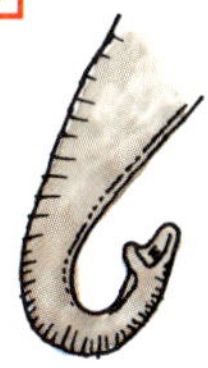

Rüssel

☺ 5
☹ 9

6

Rinne

☺ 12
☹ 7

7

Rippe

☺ 1
☹ 9

8

Reiter

☺ 2
☹ 10

9

Ruhe

☺ 7
☹ 12

10

Regen

☺ 10
☹ 3

11

Rost

☺ 4
☹ 6

12

Rabe

☺ 1
☹ 5

# S

**Finde das Bild zum Wort!**

1 Sack

2 Socke

3 Salat

4 Sand

5 Sattel

6 Säge

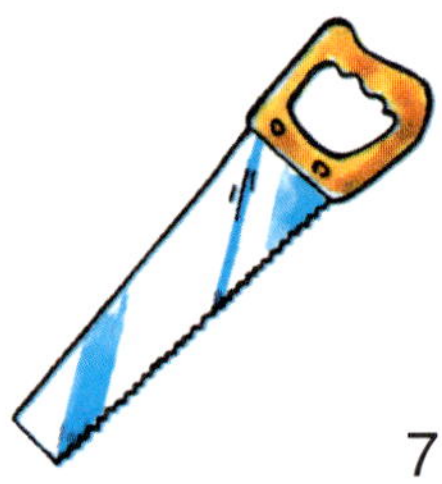

7

9

10

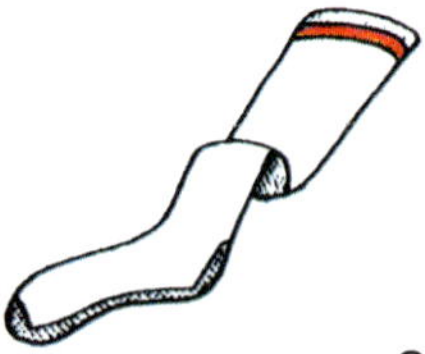

8

11

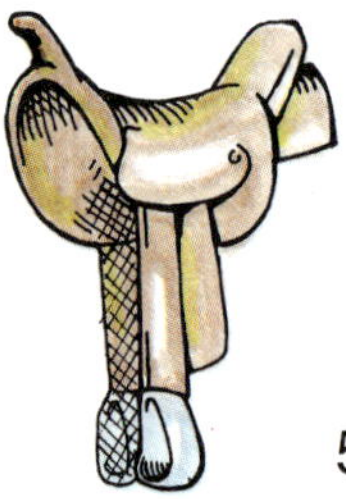

5

7 Seife

8 Seil

9 Sichel

10 Sieb

11 Sofa

12 Sonne

6

2

4

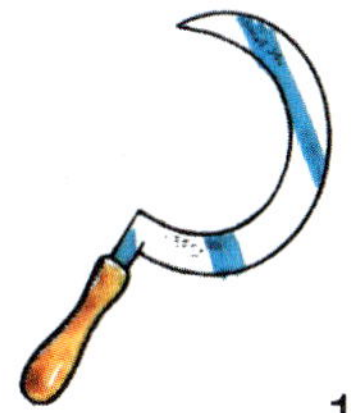

12

1

3

# T

## Gesucht: das Wort zum Bild !

1

| | |
|---|---|
| Tropfen 2 | Tag 8 |
| Torte 4 | Tafel 5 |

2

| | |
|---|---|
| Tanne 3 | Trompete 9 |
| Traktor 5 | Tante 6 |

3

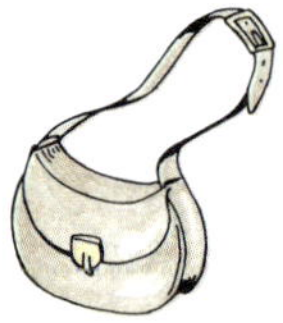

| | |
|---|---|
| Tracht 7 | Tasche 2 |
| Trommel 12 | Träne 4 |

4

| | |
|---|---|
| Traube 8 | Turm 3 |
| Tasse 6 | Tube 1 |

5

| | |
|---|---|
| Topf 9 | Tür 4 |
| Taube 8 | Tritt 7 |

6

| | |
|---|---|
| Tunnel 12 | Tasche 5 |
| Traum 3 | Teich 4 |

7

| | |
|---|---|
| Telefon 12 | Trichter 2 |
| Toto 9 | Tümpel 8 |

8

| | |
|---|---|
| Tuch 4 | Tinte 1 |
| Trick 6 | Teller 9 |

9

| | |
|---|---|
| Ton 11 | Tube 7 |
| Turm 1 | Teig 5 |

10

| | |
|---|---|
| Truhe 2 | Tiger 11 |
| Treppe 9 | Tor 7 |

11

| | |
|---|---|
| Tisch 7 | Titel 10 |
| Traktor 4 | Trotz 8 |

12

| | |
|---|---|
| Trost 5 | Tipp 1 |
| Topf 6 | Torte 10 |

# U

## Setze die Buchstaben zu Wörtern zusammen!

1: a m U g l sch

2: l g n U ü ck

3: w e n U tt e r

4: w l U e t m

5: r b U l au

6: e f U r

7: s a U r e ch

8: d a l U r w

9: k d U u r n e

10: f n U a ll

11: e g m U w

12: t r U l ei

| | |
|---|---|
| Ufer 7 | Unwetter 11 |
| Umschlag 9 | Urkunde 12 |
| Umweg 6 | Urlaub 5 |
| Umwelt 10 | Ursache 4 |
| Unfall 3 | Urteil 1 |
| Unglück 8 | Urwald 2 |

# V

**Passen Wort und Bild zusammen?**

Ja ☺ oder ☹ nein?

1
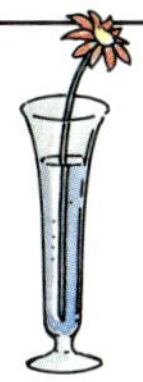
Vase
☺ 2
☹ 1

2

Vater
☺ 10
☹ 12

3

Veilchen
☺ 4
☹ 5

4

Versuch
☺ 9
☹ 7

5

Verband
☺ 10
☹ 8

6

Verein
☺ 3
☹ 5

7

Verkehr
☺ 11
☹ 1

8

Villa
☺ 6
☹ 8

9

Verlust
☺ 9
☹ 3

10

Vogel
☺ 8
☹ 4

11

Vorrat
☺ 7
☹ 9

12

Vulkan
☺ 11
☹ 2

# W

**Finde das Bild zum Wort!**

1 Waage

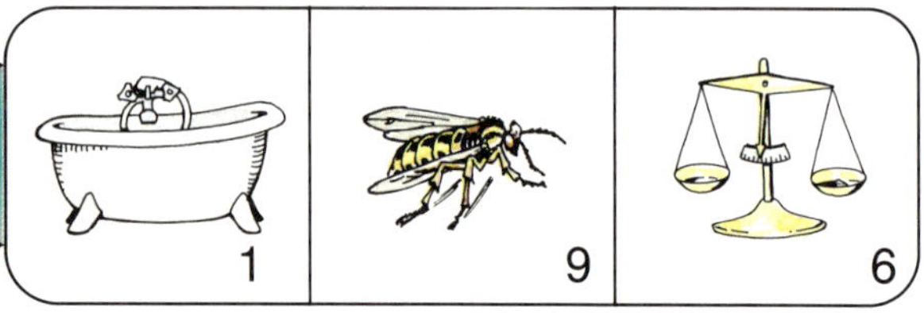


2 Wagen

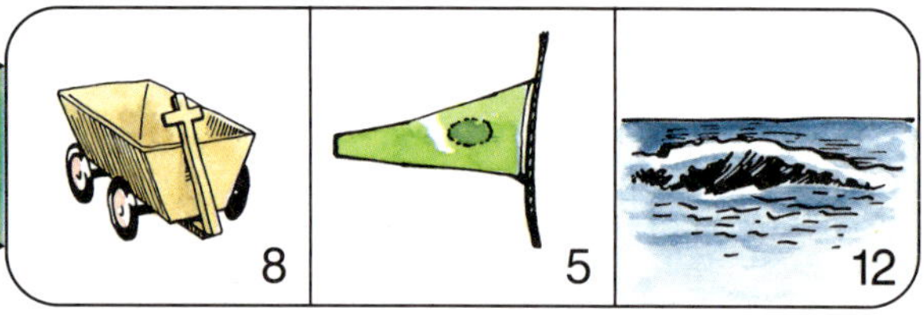


3 Walze

4 Wanne

5 Welle

6 Wespe

| | | | | |
|---|---|---|---|---|
| 7 | Weste |  12 |  5 |  3 |
| 8 | Wiese |  2 |  7 |  8 |
| 9 | Wolke |  5 |  1 |  9 |
| 10 | Wolle |  9 |  12 | 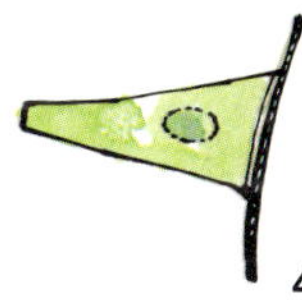 4 |
| 11 | Würfel |  3 |  6 |  5 |
| 12 | Wurst |  7 |  10 |  12 |

## Kasten-Wörter

Ordne richtig zu!

| | | | |
|---|---|---|---|
| Wäsche 12 | Wasser 10 | Winter 4 | Waggon 11 |
| Wahrheit 8 | Weide 9 | Wimper 6 | Wecker 5 |
| Wetter 7 | Waffel 3 | Wärme 2 | Weste 1 |

# X Suche die spiegelverkehrte X-Reihe!

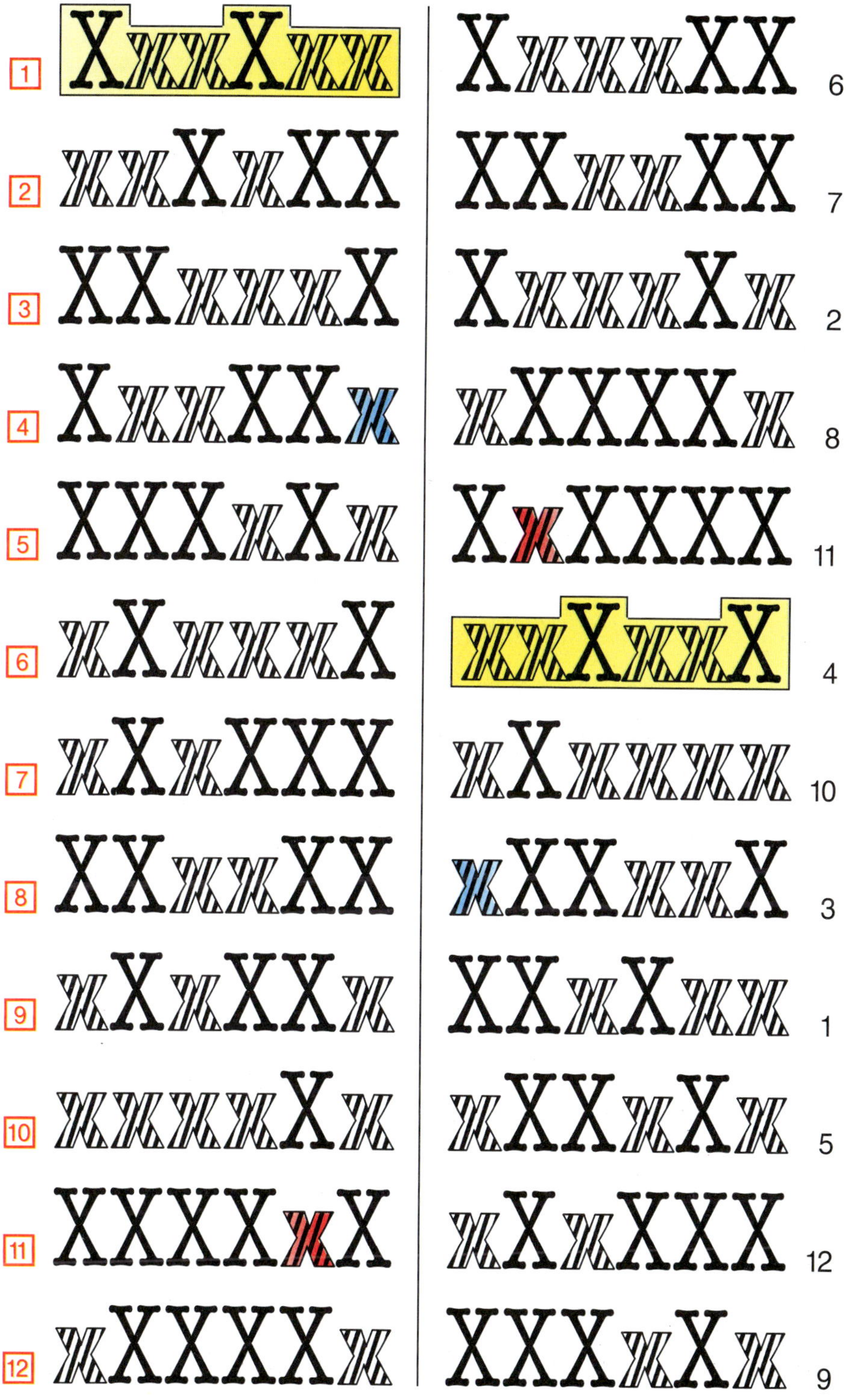

# Y Das Yoga-Puzzle

Suche die gleichen Puzzleteile!

9
2
10
8
4
12
3
1
6
7
11
5

# Z

## Welches Bild gehört zum Wort?

1 Zahn

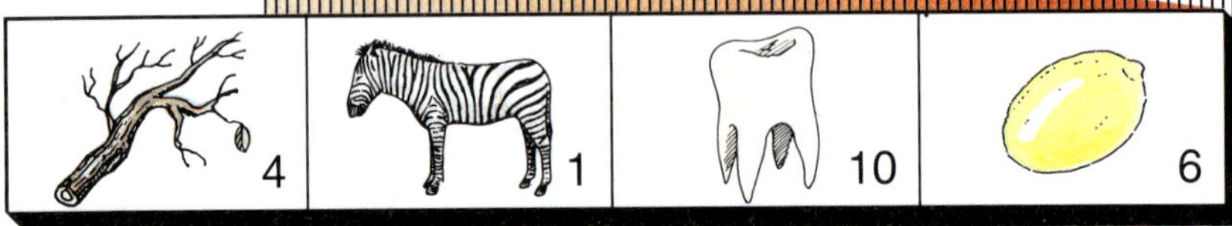


2 Zange

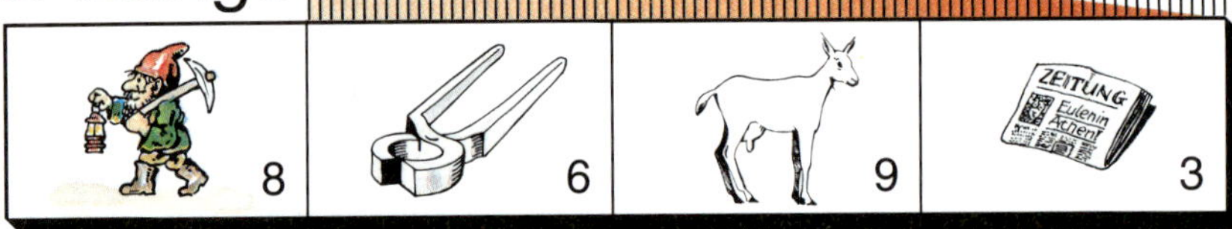


3 Zaun

4 Zebra

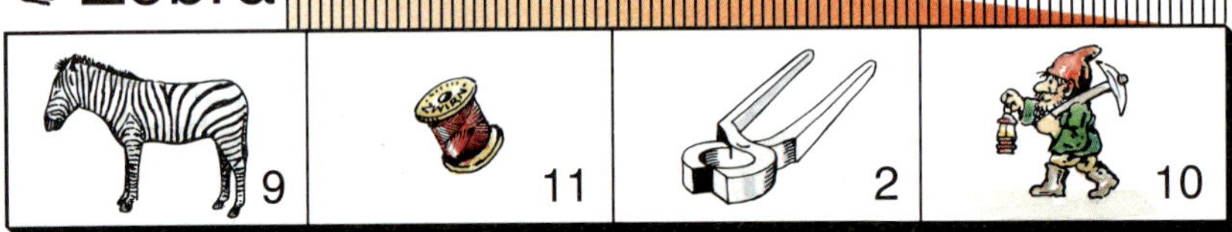


5 Zeitung

6 Zelt

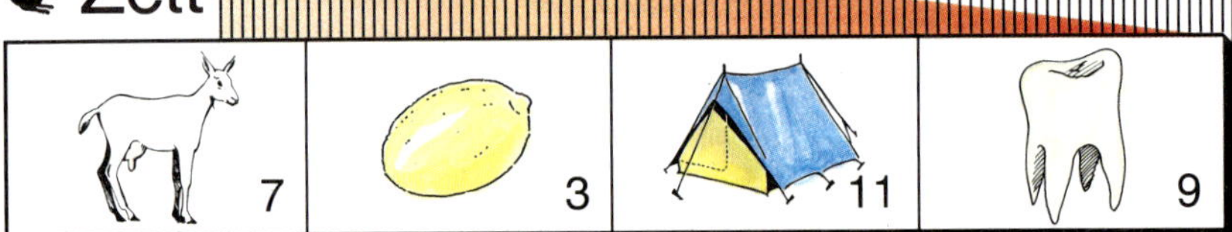

7 Ziege

| | | | |
|---|---|---|---|
|  3 |  12 |  2 |  8 |

8 Zitrone

| | | | |
|---|---|---|---|
| 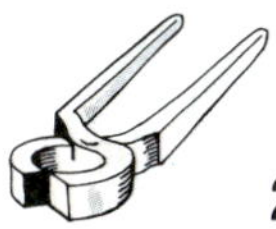 2 |  4 |  12 |  1 |

9 Zweig

| | | | |
|---|---|---|---|
|  11 |  8 |  5 |  7 |

10 Zwerg

| | | | |
|---|---|---|---|
|  5 |  9 |  2 |  4 |

11 Zwiebel

| | | | |
|---|---|---|---|
|  10 |  2 | 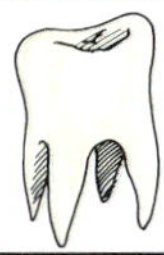 6 |  5 |

12 Zwirn

| | | | |
|---|---|---|---|
|  5 |  8 |  1 |  3 |

## Welches Z-Wort gibt es wirklich?

Wähle aus 4 Möglichkeiten!

**1**

| | |
|---|---|
| Zieberer 4 | Zauberer 2 |
| Zoiberer 11 | Zähberer 12 |

**2**

| | |
|---|---|
| Zöbra 7 | Zabra 1 |
| Zebra 6 | Zubra 9 |

**3**

| | |
|---|---|
| Zeiger 4 | Zohger 10 |
| Zalger 11 | Zönger 5 |

**4**

| | |
|---|---|
| Zonga 6 | Zingu 8 |
| Zengo 3 | Zunge 1 |

**5**

| | |
|---|---|
| Zöhni 4 | Zähne 10 |
| Zühno 12 | Zihna 6 |

**6**

| | |
|---|---|
| Zattel 8 | Zoiter 7 |
| Zettel 5 | Zahtel 3 |

**7**

| | |
|---|---|
| Zehge 10 | Zämke 3 |
| Zomge 9 | Ziege 7 |

**8**

| | |
|---|---|
| Zimmer 12 | Zammer 6 |
| Zömmer 5 | Zimker 8 |

**9**

| | |
|---|---|
| Zöpfel 9 | Zittel 2 |
| Zipfel 3 | Zahfel 10 |

**10**

| | |
|---|---|
| Zarkus 9 | Zurkis 2 |
| Zurkus 7 | Zirkus 8 |

**11**

| | |
|---|---|
| Zicker 12 | Zuhler 11 |
| Zöcker 5 | Zucker 9 |

**12**

| | |
|---|---|
| Züpfe 4 | Zöpfe 11 |
| Zeipfe 9 | Zäpfo 3 |